轻松学科学

主　编　吕笃康

天津出版传媒集团

天津科技翻译出版有限公司

图书在版编目(CIP)数据

轻松学科学 / 吕笃康主编. -- 天津 : 天津科技翻译出版有限公司，2024.11 -- ISBN 978-7-5433-4543-0

Ⅰ. Z228.2

中国国家版本馆 CIP 数据核字第 2024TP6238 号

轻松学科学

QINGSONG XUE KEXUE

出　　版：天津科技翻译出版有限公司
出 版 人：方 艳
地　　址：天津市南开区白堤路 244 号
邮政编码：300192
电　　话：022-87894896
传　　真：022-87893237
网　　址：www.tsttpc.com
印　　刷：雅迪云印(天津)科技有限公司
发　　行：全国新华书店
版本记录：787mm×1092mm　16 开本　6 印张　100 千字
2024 年 11 月第 1 版　2024 年 11 月第 1 次印刷
定　　价：48.00 元

(如发现印装问题，可与出版社调换)

编者名单

主　编　吕笃康

副主编　吴新华　鲁亚峰

编　委　(按姓氏汉语拼音排序)

李　虹　李海云　李志萍　刘文思

罗永中　王　晶　王云涛　徐莉莎

薛振鲁　尹奭睿　英　洁　赵福玲

内容简介

当你打开这本书的时候，你也许是一位爱科学的小朋友，抑或是一位要带孩子走进科学世界的大朋友。我们的生活中充满着各种各样神奇的元素，这些都需要我们去探知。

你一定对科学实验中的现象感到好奇，但你是否真的会做科学实验呢？首先你要学会发现生活中的问题，善于问“为什么”，接下来准备实验材料，动手实践，展开观察，还需要设计实验，解释实验现象。这听起来确实不是那么容易的一件事。书中的实验，有的颇费周折，有的直截了当，它们都会让你边动脑筋，边笑个不停。

【实验器材】

实验器材往往有大学问。每个实验都会告诉大家要准备哪些实验器材，但你要想一想，哪些材料是可以被替代的？你还可以准备哪些材料？使用的过程中还要注意不要浪费，合理使用。

【实验步骤】

实验操作的环节考验着你的细心、耐心，还需要按照设计的实验一步一步完成。这个过程不要忘记仔细观察哦！

【实验现象】

你观察到了什么现象？你可以用科学的语言描述出来吗？实验的结果可以做成表格，也可以做成折线图或者柱状图更直观地展示结果。不要忘记，附上你做实验时的照片。

【实验大揭秘】

每个实验的原理让你不仅能知其然，还能知其所以然。

【想一想】

这个环节的设置，是希望你能花点时间好好想一想实验的结果，你会对改进实验提出哪些建议？还可以发现什么问题，设计出哪些实验，你可以试着做一做。

【生活挑战】

实验的结果对你的实际生活有哪些启发？

【知识小链接】

从网上或者书刊上寻找与实验相关的事实，务必注明参考资料的来源。让我们更加深入地了解有趣的科学小实验吧！

科学实验的过程中，你不知道会发生哪些意想不到的事情。因此，书中的每个实验均需要在家长或老师的陪伴下完成。实验的每个步骤都要小心谨慎，不可以贸然尝试！做好准备了吗？让我们一起走进科学的世界吧！

目录

第一单元

生命科学

会变色的蔬菜

你见过彩色的玫瑰花吗？哈哈，是不是很神奇？告诉你吧，要是你看到蔬菜也会变色，那一定会惊讶得合不拢嘴！这次我们要做的实验就是“会变色的蔬菜”，想不想一起体验这种神奇事物呢？

实验器材

准备好的物品在□中打“√”，使用替代物品的在□中打“※”。

□白菜或娃娃菜（颜色越浅越好）　□杯子　□红色或蓝色墨水

替代用品及说明________________

实验步骤

1. 挑选一片白菜叶子或白菜心，清洗干净。

2. 往杯子里倒凉水，并滴入几滴红色或蓝色墨水。

3. 把白菜的茎插入水中。

实验现象

分享一下你观察到的实验现象吧！

____

一段时间后，你会发现______________________。看起来很神奇吧？让我们一起来了解一下实验原理。

实验大揭秘

通过实验我们发现，植物的茎具有支撑植物，以及运输水分和养料的作用。植物的茎能从下向上将根吸收的水分和矿物质运输到植物体的各个部分；从上向下将绿叶制造的养料运输到植物体的各个部分。

想一想

1. 实验中还可以选择哪些材料？为什么要选择颜色浅的植物呢？

____

____

2. 将变色的蔬菜横切或纵切后进行观察，说说你的发现。

____

____

3. 植物的茎在生长的过程中起到怎样的作用？它们是如何发挥这些作用的呢？

____

____

____

你可以总结一下实验过程中确保实验顺利进行的方法，也可以先猜测一下上述问题的答案，然后设计一个实验进行探究，再寻求答案。

生活挑战

有些植物的茎在长期适应某种特殊的环境过程中，逐步改变了它们原来的功能，同时也改变了原来的形态，比较稳定地长期保持下去，这种和一般形态不同的变化称为变态。有些变态的茎变化得非常奇特，以致在外形上几乎无从辨认。

你知道这些食物是植物的哪一部分吗？

菊芋

大蒜

胡萝卜

红薯

知识小链接

茎的形态是多种多样的，有粗有细，有长有短，变化很大，高的有150余米，直径粗达10多米；矮的只有几厘米；长的可达200~300米，没有茎的植物是极为罕见的。通常所说“无地上茎”，实质是地上茎极短或极不明显，而绝不是没有地上茎。茎的切面多数呈圆形，但有些植物的茎却呈四边形，如蚕豆、金钱草等草本植物，少数植物的茎呈扁平状，如仙人掌、竹节蓼。为了适应外界环境，不同植物的茎有各自的生长方式，使叶能有空间展开，获得充足的阳光，制造营养物质，并完成繁殖后代的任务。按茎的生长方式分，植物的茎主要有直立茎、匍匐茎、缠绕茎、攀缘茎等。

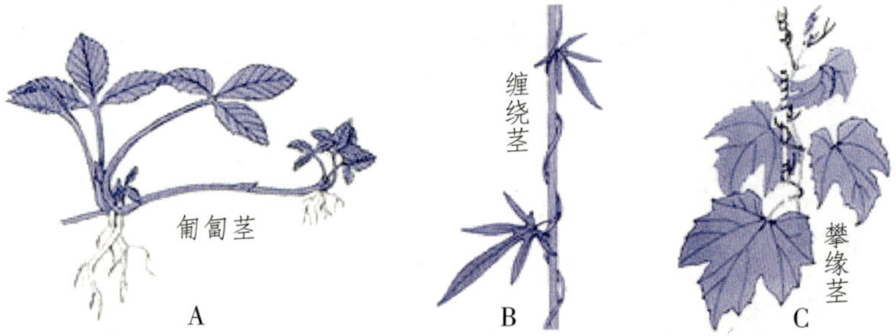

A　B　C

植物如何喝水

在生活中，我们需要喝水，植物也需要“喝”水，可是它没有嘴，怎么“喝”水呢？让我们一起通过科学小实验认识植物的渗透作用。

实验器材

准备好的物品在□中打“√”，使用替代物品的在□中打“※”。

□4 个土豆　□白糖　□小刀　□勺子　□2 个盘子　□蒸锅

□自来水

替代用品及说明＿＿＿＿＿＿＿＿＿＿＿＿＿＿

实验步骤

1. 准备 4 个土豆，将 2 个土豆放在锅里煮几分钟，2 个土豆不煮。

2. 然后把 4 个土豆的顶部和底部各削去一片，在顶部中间各挖一个洞。

3. 在每个洞里放一些白糖，然后把它们立在有水的盘子里。

4. 几小时后，观察 4 个土豆的洞里白糖的变化。

实验现象

土豆中的糖发生变化了吗？分享一下你观察到的实验现象吧！

____

____

让我们一起来了解一下实验原理。

实验大揭秘

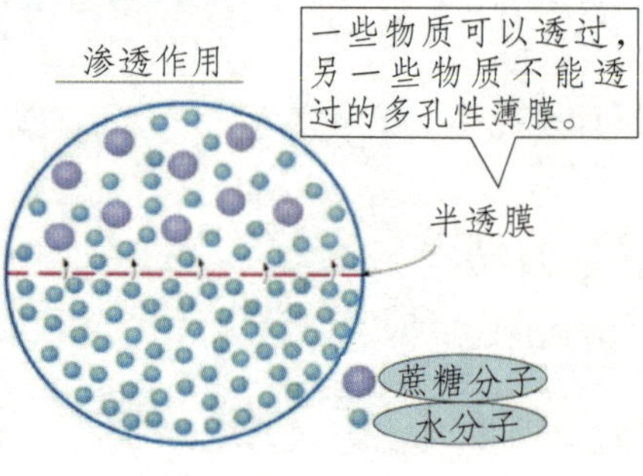

生土豆的细胞是活的，它们好像有很多孔道，水分子能够通过细胞，但蔗糖分子不能通过，因此，盘子里的水可以经过土豆壁渗入洞中。而煮过的土豆，其细胞已被破坏，没有渗透功能。

想一想

1. 尝一尝放生土豆盘子里的水，有甜味吗？为什么？

2. 给花草树木施肥时，能用太浓的肥料水去浇灌吗？说说你的理由。

生活挑战

回家做两道菜：凉拌黄瓜和凉拌西红柿。分别撒上一定量的盐和糖，一段时间后，看看盘中是不是会出现很多汤汁。这些汤汁是从哪里来呢？

知识小链接

多肉植物能净化空气。它们外形小巧，色彩丰富，很受大家喜爱。仙人掌、芦荟、龙舌兰等都属于多肉植物。你知道多肉植物怎样储存水分吗？原来，多肉植物的多肉器官具有高度发达的贮水薄壁组织，细胞体型较大，具有一个富含水分或黏性汁液的大液泡，黏性汁液遇水膨胀，起到增加细胞吸收与保水的作用。这种组织是活组织，能储藏可利用的水，当土壤含水状况恶化、植物根系不能再从土壤中吸收必要的水分时，它能使植物暂时脱离外界水分供应而独立生存。多肉植物能利用植物的根、茎、叶三种营养器官，这些器官肥厚多汁，且具备储藏大量水分的独特功能。因此，多肉植物也叫作“多浆植物”。

你知道了植物如何喝水、如何储水，那么，你知道植物如何排水吗？快去探究吧！

香蕉也会“生气”

在生活中，我们常用嘴吹气球，可是如果让你用香蕉将气球吹起来，你能做到吗？

实验器材

准备好的物品在□中打“√”，使用替代物品的在□中打“※”。

□1 根熟透的香蕉　□1 个碗　□1 把勺子
□1 个窄口玻璃瓶或塑料瓶　□1 个气球
替代用品及说明________________

实验步骤

1. 确认香蕉已经熟透，剥掉香蕉皮，将香蕉放在碗里并捣成泥。

2. 把香蕉泥一勺一勺地盛到瓶子里，小心不要将香蕉泥落在桌上。

3. 把气球套在瓶口上，将瓶子放在一个温暖、阳光充足的地方。

4. 在接下来的几天，观察气球的变化。

实验现象

分享一下你观察到的实验现象吧！

____

____

____

____

一段时间后，你会发现________________________。看起来很神奇吧？让我们一起来了解一下实验原理。

实验大揭秘

香蕉是香蕉树的果实，成熟之后、变黑之前可以食用。在这个过程中，香蕉会经历非常大的变化。香蕉变质时会产生大量细菌，细菌很小，肉眼无法看到，但它们不仅存在，还会不断繁殖，同时释放气体。这些气体会慢慢地聚集在气球里，气球就这样被香蕉泥给“吹”大了。

想一想

1. 香蕉发生了哪些变化？是什么让气球鼓起来的？

____

____

____

2. 气球过多久开始膨胀？

____

____

____

3. 除了香蕉以外，还有什么熟透的水果可能会“生气”？比较一下不同水果让气球膨胀的速度，试着说说理由。

____

____

____

你可以总结一下实验过程中确保实验顺利进行的方法，也可以先猜测一下上述问题的答案，然后设计一个实验进行探究，再寻求答案。

生活挑战

酵母菌是发面时用的酵母。酵母对面团产生什么气体呢？面和好后，将面扣在盆里或用保鲜膜包好，使面团在缺氧环境放置一段时间。一旦缺乏氧气，酵母菌将产生二氧化碳，因此在面团里会产生气体，这些气体使面团膨胀松软。我们可以看到面团的表面、内部都有气泡出现，这就是酵母菌帮助面团变松软、变大的原因。

知识小链接

酵母菌是一种细小的单细胞真菌，以糖为食。当酵母菌吃糖时，其会释放二氧化碳。

先在透明的玻璃瓶中倒入30℃左右的温水，将两勺糖溶于水中，再加入酵母菌粉末，轻轻摇晃后，将事先准备好的气球套在瓶口，最后把瓶子放在温水盆中。几分钟后，之前干瘪的气球渐渐开始充气，气球越来越大。

植物迷宫大逃离

如果一颗种子在阴凉处生根发芽，它会不屈不挠地朝有阳光的地方生长。植物没有"眼睛"，甚至不能自行移动，它究竟是如何向阳而生的呢？

实验器材

准备好的物品在□中打"√"，使用替代物品的在□中打"※"。

□顶端带有透光孔的纸盒　□阳面的窗户　□蒜苗　□纸板　□胶带

替代用品及说明________________

实验步骤

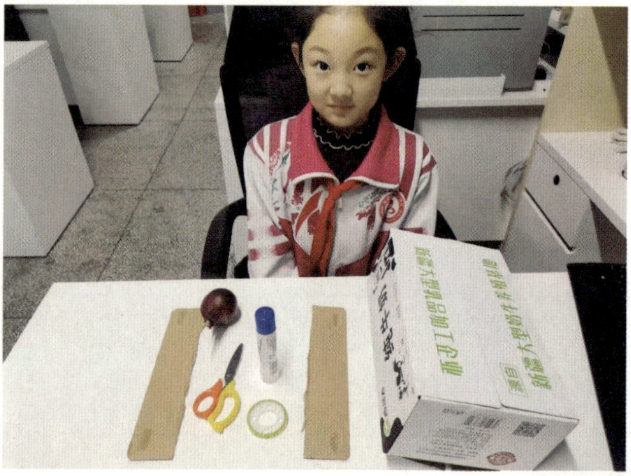

1. 裁两张与纸箱宽度相等、长度略短的硬纸板。

2. 在纸箱的上方开一个洞，用胶带把硬纸板贴在纸箱中做成"迷宫"的样子。

3. 在纸箱内摆放盆栽，关闭纸箱，将纸箱放在窗边。

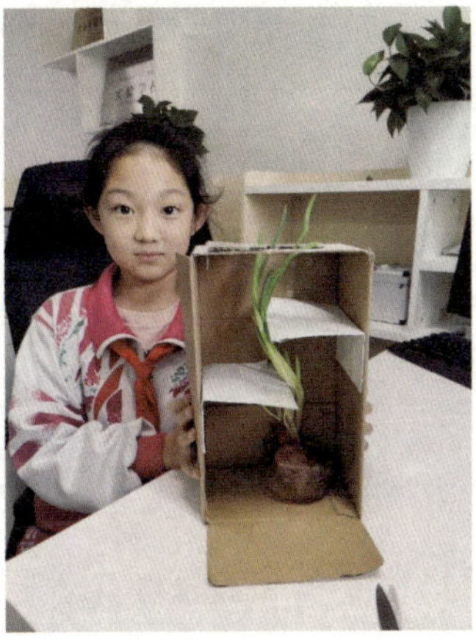

4. 你发现了什么？

实验现象

分享一下你观察到的实验现象吧！

你的植物有没有顺利地逃出“迷宫”？让我们一起来了解一下实验原理吧！

实验大揭秘

植物在生长发育过程中，受阳光照射的影响，会朝着阳光射来的方向生长，我们称之为“向光性”。植物细胞里有一种对光线非常敏感的生长素，它控制着植物发育和生长的方向，只要盒内有一点点光线，这种生长素就会发挥作用。植物的向光性对于植物的生长有什么重要意义呢？植物的向光性使植物保持向光生长，有利于获得更多的光照，提高光合作用，更好地维持植物生长。

想一想

1. 如果想要植物顺利地逃离迷宫，要确保阳光只能从盒子顶端的透光孔照进来。其他空隙都要被遮住。你知道这是为什么吗？

2. 不同类型的植物（如豌豆或黄豆）穿越迷宫时的表现是否相同？

你可以总结一下实验过程中确保实验顺利进行的方法，也可以先猜测一下上述问题的答案，然后设计一个实验进行探究，再寻求答案。

生活挑战

阳台上的植物总是朝着窗外生长，你有办法让它在阳台上直立生长吗？

知识小链接

植物的生长需要一定的环境，当环境改变后，它们会努力地适应环境的变化。众所周知，植物离不开土壤、水和阳光。有人发现，有一棵小树枯死后，靠水塘一边的根十分茂密。那么，植物是否真的有向水性呢？你想知道为什么吗？动手实验一下吧！

准备几粒发芽的豆苗、浅口盘、餐巾纸和一杯水。先将豆苗按同一方向放在浅口盘中的餐巾纸上，餐巾纸的一端与棉条接触，棉条的另一端浸入水中。这样靠近棉条的一端水分就比另一端充足，接下来几天观察豆苗的生长方向。几天后改变一下棉条的位置，继续观察豆苗的生长方向。通过观察可以发现，棉条在左边时，豆苗在左边生长，棉条在右边时，豆苗在右边生长。豆苗的生长会因为棉条的位置而发生改变，而棉条的方向正是水分充足的方向。这一事实表明，当水分分布不均匀时，根会趋向较湿的地方生长，这种特性称为向水性，植物具有向水性。

第二单元

物质科学

1元硬币能装几滴水

在生活中，只要留心观察，总会找到很多令人疑惑不解的科学问题。例如，泡泡吹出来后会停留在吸管上；水龙头关闭后，总有几滴水珠留在管口；清晨的露珠在叶子上闪闪发亮。

这些现象为什么会出现呢？

让我们一起通过今天的科学小实验，认识水的表面张力。

实验器材

准备好的物品在□中打“√”，使用替代物品的在□中打“※”。

□1元硬币　□吸管　□烧杯　□色素　□自来水

替代用品及说明________________________

实验步骤

1. 将硬币平放在桌面上，用滴管把水滴到硬币上。

2. 不断往硬币上滴水，硬币上的水珠越来越大。

3. 当水漫出硬币时，一共滴水的次数减 1 就是硬币所能容纳的水滴数。

记录 1 元硬币能装的水滴数

实验次数	第 1 次实验	第 2 次实验	第 3 次实验
滴数	(　　)滴	(　　)滴	(　　)滴

实验现象

看看谁的滴数最多。一起分享一下观察到的实验现象吧！

让我们一起来了解一下实验原理吧！

实验大揭秘

硬币居然可以装这么多水，其实这并不是硬币的功劳，而是借助了水的张力。液体表面外部和内部的分子密度不同导致受力不同，因此有一个向着内部的作用力，水才会被存住而不往外溢出。

想一想

1. 回顾实验操作的过程，怎样才能在硬币上存放最多的水滴？

2. 把其他液体（如食用油、醋）滴到硬币上，能够存放同样多的滴数吗？

3. 如果往水中加入洗洁精，会发生什么变化？硬币上是否还能放那么多水滴？为什么会出现这种现象？

你可以总结一下实验过程中确保实验顺利进行的方法，也可以先猜测一下上述问题的答案，然后设计一个实验进行探究，再寻求答案。

生活挑战

2007年11月23日，在英国伦敦博物馆，英国人Sam Heath又被称为泡泡人Samsam。他用一个巨大的肥皂泡将50名学生罩起来，打破了吉尼斯纪录。他是怎样吹出超级肥皂泡的呢？

这里教你一招儿。用小刀把香皂切成小薄片，放入杯中，加热水搅拌溶化，再加入少许砂糖，然后放入一包茶，盖上盖子静置一天。第二天，你就可以用这种皂液吹出超级肥皂泡了，还能把这些泡泡捧在手里玩呢！这是因为含有糖和茶水的肥皂膜，表面张力大大增加，所以不易破裂。快去试试吧！

知识小链接

水 黾

水黾是一种在湖水、池塘、水田和湿地中常见的小型水生昆虫。水黾科昆虫成虫长8~20mm，呈黑褐色，头部为三角形，稍长。体型从小至大，呈长条形或椭圆形。

水黾能自由地在水面上滑行、跳跃，除与水的表面张力有关，也与其腿部的特殊结构有关，有科学家研究得出下面的结论。

水黾是利用其腿部特殊的微纳米结构，将空气有效地吸附在这些同一取向的微米刚毛和螺旋状纳米沟槽的缝隙内，在其表面形成一层稳定的气膜，阻碍水滴浸润，宏观上表现出水黾腿的超疏水特性。正是这种超强的负载能力使得水黾在水面上行动自如，即使在狂风暴雨或急速流动的水流中也不会沉没。

蛋壳消失了

在日常生活中，我们都知道鸡蛋是有壳的，但是如果告诉你，鸡蛋泡在醋里一段时间后，鸡蛋壳会消失，鸡蛋会富有弹性，是不是很神奇呢？赶紧来试试吧！

让我们一起通过今天的科学小实验，看一看蛋壳怎么不见了。

实验器材

准备好的物品在□中打"√"，使用替代物品的在□中打"※"。

□生鸡蛋　　□玻璃杯　　□白醋

替代用品及说明______________________

实验步骤

1. 将白醋倒入玻璃杯。

2. 将鸡蛋放入玻璃杯，等待反应。

3. 观察实验现象。

实验现象

分享一下你观察到的实验现象吧！

让我们一起来了解一下实验的原理。

实验大揭秘

鸡蛋壳的主要成分是碳酸钙，与白醋中的醋酸发生化学反应后，生成醋酸钙、二氧化碳气体和水，因此蛋壳逐渐消失，并被一层薄膜包裹，鸡蛋变得富有弹性。

想一想

1. 回顾实验操作，玻璃杯中应倒入多少白醋？

2. 鸡蛋放入其他液体(如洗洁精、盐水、饮料等)中,蛋壳也会消失吗?

3. 如果把鸡蛋放入盐水中,会发生什么变化? 为什么会出现这种情况?

你可以总结一下实验过程中确保实验顺利进行的方法，也可以先猜测一下上述问题的答案,然后设计一个实验进行探究,再寻求答案。

生活挑战

蛋壳通常是家中常见的废弃品,但好好利用,它也能体现出自身价值。蛋壳中富含碳酸钙,用其制作花的肥料不但可以调整基质的酸碱度,而且能充当肥效长久的磷肥,对于植物来说,这些都是促进生长的优质养料。你也动手试试吧!

知识小链接

为什么蛋壳很薄,却捏不碎呢

因为蛋壳的形状是椭圆的,把鸡蛋捏在手心时,它表面所受的压力基本相等。这个压力不足以使蛋壳破裂,所以蛋壳不破。因为力具有传递性,当捏的时候,通过鸡蛋里的液体把力传递到鸡蛋的其他地方。而鸡蛋壳是由碳酸钙构成的,有一定的坚固性,其实石头主要也是由碳酸钙构成的。

鸡蛋壳是一个全封闭的均匀薄壳。当用手握住鸡蛋时,在鸡蛋的周围对蛋壳施加的握力通过蛋壳的适应演变成均匀分布的力，这就好比对一个物体全面均匀施加压力,结果使得这个物品变得更加紧密,当然不容易被破坏了。但是如果蛋壳上有一个小孔,哪怕非常微小,鸡蛋也很容易被捏碎。

熟鸡蛋的蛋壳内部结构被破坏,钙分解、流失,蛋壳内由液体变为固体,液体对力的分散、吸收比固体强,蛋内包裹蛋清的那层膜,熟了就失去了作用,所以容易被捏碎。

筷子提米

一提到筷子，你会想到什么呢？本节课的实验主题与筷子有关，但它不是用来吃饭的，而是用来提大米。

你能用一根筷子把一瓶米提起来吗？这听起来很不可思议吧！那就通过本节科学小实验，一起来认识摩擦力！

实验器材

准备好的物品在□中打“√”，使用替代物品的在□中打“※”。

□大米　□筷子　□纸　□杯子　□空瓶

替代用品及说明________________

实验步骤

1. 用纸做一个漏斗。

2. 将米倒满整个瓶子。

3. 用手指将米压实。

4. 将筷子插入米中。

5. 抓住筷子顶端，将它提起来吧！

实验现象

你的实验成功了吗？一起分享一下观察到的实验现象和实验结果吧！

让我们一起来了解一下实验原理。

实验大揭秘

提起筷子时，整瓶米都被提了起来，甚至摇晃时，瓶子都没有掉下去。两个互相接触的物体有弹力，当它们发生相对运动或有相对运动的趋势时，就会在接触面上产生一种阻碍相对运动的力，这种力就叫作摩擦力。本实验中，米与米，米与筷子，米与瓶子之间都存在摩擦力，且米被压实后摩擦力更大，相当于筷子、米和瓶子成了一个整体。此时提起筷子就相当于提起了整个瓶子。

想一想

1. 回顾实验操作，怎样才能用筷子将大米提起来？

2. 把其他物质（如砂石、小米、盐等）放入瓶中，能够达到同样的效果吗？

3. 如果你先把一根筷子放入瓶中，再把大米装满瓶子，能不能抽出筷子呢？这是为什么呢？

你可以总结一下实验过程中确保实验顺利进行的方法，也可以先猜测一下上述问题的答案，然后设计一个实验进行探究，再寻求答案。

生活挑战

以下是生活中常见的现象，你能利用本节实验学习的知识解决这些生活问题吗？

1. 冬天下雪后，路面非常滑，我们在走路时很容易摔倒，你能设计一种鞋，可以使人平稳行走而不会滑倒吗？

2. 手湿的时候拧瓶盖非常滑，不易打开瓶盖，你有办法轻松打开瓶盖吗？

知识小链接

冰壶又称为冰上溜石，是一项在冰上进行的投掷性团体竞赛项目，也是冬季奥林匹克运动会比赛项目。冰壶比赛设男女2个小项，每队4人。冰壶为圆壶状，由不含云母的苏格兰天然花岗岩制成。用于制作冰壶的天然花岗岩大多产自苏格兰近海的一个小岛。苏格兰人掌握着制作世界顶尖水平冰壶的技术。

冰壶作为一种投掷性竞赛项目，比赛双方利用摩擦力调整自己的投掷力度，以及在投掷后，根据需要改变地面摩擦力，从而改变冰壶的走向，使冰壶到达自己理想的目的地。

扎不破的水袋

在生活中，只要留心观察，总会发现许多令人迷惑不解的科学问题。小朋友们，今天我们就来练就善于发现科学的眼睛和勇于探索真理的大脑。嘿！手里拿着尖锐物品的那个小朋友，你小心一点！

这是怎么回事呢？疯狂的水袋，怎么也扎不破，大家有没有被它惊艳到？让我们一起来学习今天的科学小实验吧。

实验器材

准备好的物品在□中打“√”，使用替代物品的在□中打“※”。

□塑封袋　□铅笔　□气球　□自来水

替代用品及说明＿＿＿＿＿＿＿＿＿＿＿＿＿＿＿＿

实验步骤

1. 首先将塑料袋装入 3/4 的水。

2. 将铅笔削得尖尖的，然后将水袋提起保持稳定，用铅笔的尖端慢慢刺入水袋。

3. 水袋已经被扎成“刺猬”了，水流出来了吗？

记录一个水袋能插的铅笔数量

实验次数	第1次实验	第2次实验	第3次实验
铅笔数	（ ）支	（ ）支	（ ）支

实验现象

看一看谁插的铅笔最多。一起分享一下观察到的实验现象吧！

让我们一起来了解一下实验原理。

实验大揭秘

水袋扎不破其实是由密封塑料袋的材质决定的。密封塑料袋、气球，还有保鲜膜，它们都是由高分子聚合物组成的。塑料袋的一个特性是弹性，在它们被戳穿的瞬间会迅速回弹包裹住铅笔，不会留有空隙，而且塑料袋还有一个特性是遇热收缩，铅笔扎进塑料袋时会产生热量，和塑料袋粘在一起，所以水才不会漏出来。

想一想

1. 用其他物体代替铅笔做实验可以吗？试一试。

2. 如果不是缓慢地插入铅笔，会出现什么现象？塑料袋里的水会不会流出来？为什么会出现这样的情况？

你可以总结一下实验过程中确保实验顺利进行的方法，也可以先猜测一下上述问题的答案，然后设计一个实验进行探究，再寻求答案。

生活挑战

当吹气球时，气球内部的压力会越来越大，组成气球的橡胶分子会因为压力变大而被拉伸。如果此时有外来物捅了气球一下，被捅的地方所受到的压力就会骤然增大。然而单个橡胶分子可以承受的力是有极限的，一旦超过这个极限将发生怎样的状况呢？这个受力的橡胶分子会将力分散给周围其他的橡胶分子，当这些分子都承受不住时，气球就会“嘣”的一声爆炸了。

你敢试试用竹签扎气球吗？

知识小链接

为什么充电暖水袋在充电时会鼓起来?

传统的暖水袋只是一个橡胶制成的空袋子,通常为方形,头部设有热水出入口,以塞子封口,多为螺旋式塞子。其使用方式以灌入热水来起到取暖的作用。随着科技发展,市面上出现了一种新型暖水袋——电暖水袋。这种贮水式电暖水袋,内部有一个加热器,插上电源可加热袋中的液体,从而达到取暖的目的。

因为热胀冷缩,充电后,随着温度升高,暖水袋里面的气体会膨胀,压强会增大,所以会越来越涨。同时水受热蒸发,变成水蒸气,使得暖水袋内部的气体压强增大。

充电暖水袋内部充满了一定量的液体,并且加入一种发热粉末,充电加速水的流动,激发黑色粉末产生化学反应,释放热量,这就是充电暖水袋的工作原理。化学反应后会有一些生成物,并且稳定的化学反应会生成沉淀和气体,所以不难解释充电暖水袋在充电时会鼓起来。

维生素 C 片和碘酒的奇妙相遇

维生素 C 片可以用来补充人体维生素 C，增加抵抗力，而碘酒（又称碘酊）为红棕色液体，色泽随浓度增加而变深，可治疗皮肤感染，起到消毒的作用。维生素 C 片和碘酒都是我们生活中不可缺少的物质。

实验器材

准备好的物品在□中打“√”，使用替代物品的在□中打“※”。

□碘酒　　□维生素 C 片　　□水杯　　□搅拌棒

替代用品及说明________________________

实验步骤

1. 将清水倒入水杯，并在里面加入碘酒。

2. 用搅拌棒将碘酒与水搅匀，水变成褐色。

3. 将维生素 C 片用手掰碎后放入水中。

实验现象

分享一下你观察到的实验现象吧!

____

____

____

通过这个实验,我们发现了维生素 C 片和碘酒混合的奇妙变化,这是为什么呢?

实验大揭秘

碘酒会氧化水分子产生自由基,就如苹果放在空气中会变色一样。维生素 C 是水溶性抗体,会将自由基杀死。因此,维生素 C 具有抗体的功能,可对抗自由基,延缓衰老。

想一想

1. 实验中的维生素 C 片可以用什么来代替?

____

____

____

2. 你是否发现苹果放在空气中会变色？你有办法让其不发生变色吗？

生活挑战

任务：实验时不小心将碘酒溅到衣服上，应该怎么处理这个污渍呢？

知识小链接

维生素C广泛存在于新鲜蔬菜、水果中。西红柿、菜花、柿子椒、深色叶菜、苦瓜、柑橘、柚子、苹果、葡萄、猕猴桃、鲜枣等均富含维生素C。

随着医学的发展和科学知识的普及，大多数人都知道，维生素作为一种补充剂，具有美白护发、延缓衰老、补充体力的神奇作用。然而，维生素的发现史，其实是一部人类与维生素缺乏症不断抗争的过程。

在大航海时代，轮船一般在海上漂泊数月，船员出现一种流行病，它会造成牙齿脱落，疲乏易怒，身体消瘦，甚至肌肉溃烂，这种病在当时被称为“坏血病”。起初大家认为是由于缺乏运动导致的，后来人们发现老鼠不会得这种病，就有很多人尝试抓老鼠治病。有的西方人甚至用放血疗法进行治疗，这些措施往往使病情越来越严重。1747年，英国医生詹姆斯·林德发现，坏血病高发人群是普通士兵，他们日常饮食以粗饼干和咸肉为主，而高级士兵则很少患这种病。于是他将水手分为不同组，给他们服用不同的食物，进行各种对比，发现吃橘子或喝柠檬水的士兵病情得到了有效缓解。由此，人们开始使用柠檬水治疗这种延续上百年的海上疾病。后来，柠檬中的“抗坏血酸”被提炼出来，这就是我们所知的维生素C。

1912年，波兰生物化学家卡西米尔·冯克，从糠皮中提炼出一种物质，发现这种物质对维持身体健康具有重要作用，将其命名为维生素(Vitamin)。

饮水机长时间使用后，里面有一层(厚厚的白色)残渣，这时不妨到市场买一颗柠檬，切开后去籽，将半个柠檬放进饮水机内2~3小时，你会发现里面的残渣变少了。多试几次，你会收到满意的效果。

水果电池

你知道水果可以发电吗？听到这个消息后有没有觉得奇怪，通过今天的科学小实验，一起见证水果发电吧！

实验器材

准备好的物品在□中打“√”，使用替代物品的在□中打“※”。

□柠檬　□铜片　□锌片　□导线　□发光二极管（LED）
□鳄鱼夹　□水果刀
替代用品及说明____________________

实验步骤

1. 用水果刀将柠檬切成若干份。

2. 将铜片（正极）和锌片（负极）插入柠檬。

3. 将 LED 的两端分别和铜片、锌片相连。从第一块柠檬电池开始，用鳄鱼夹夹住锌片；另一端夹住下一块柠檬的铜片。此时柠檬块和 LED 已经形成通路。

实验现象

分享一下你观察到的实验现象吧！

让我们一起来了解一下实验的原理。

实验大揭秘

电池的主要构造为正极、负极和电解质。

电池种类	正极	负极	电解质	电压
干电池	碳、二氧化锰	锌	氯化铵、氯化锌	1.5V
水果电池	铜	锌	果汁中的柠檬酸	约 0.4 V

水果电池是由水果(酸性)、两个金属片和导线简易制作而成的。铜片和锌片通过电解质(即水果中富含的果酸)和导线构成闭合回路，闭合回路中产生电流。因此，若在该电路中连接一个 LED，则其可以发光。

想一想

1. 在实验的过程中，我们需要注意什么？

2. 是不是所有的水果都可以做水果电池？蔬菜可以吗？可乐是不是也可以呢？

3. 为什么不使用一般的小灯泡，而要用LED呢？

你可以总结一下实验过程中确保实验顺利进行的方法，也可以先猜测一下上述问题的答案，然后设计一个实验进行探究，再寻求答案。

生活挑战

废旧电池属于有害垃圾，但生活中人们随意丢弃废旧电池的现象时常发生。废旧电池中的重金属、酸、碱等泄漏进入土壤或水源是造成环境污染的重要原因。你可以设计一个实验来研究废旧电池浸出液对植物种子萌发的影响吗？实验后，你明白了什么道理？

知识小链接

伽伐尼通过青蛙实验发现了生物电。进一步的研究发现，两种不同的金属接触青蛙时才能生电。伏特在此基础上，用浸有盐水的纸充当青蛙表皮，并用银片和锌片做电极，制成了伏达电池堆。经过不断改进，电池成了我们常用的“干电池”。

难舍难分的静电

冬天里，你在脱毛衣时、与别人牵手时、开车门时，有没有突然像是被电“打”了一下的感觉，还伴有“噼噼啪啪”的声音，这其实就是生活中的静电。今天我们就来做一个关于静电的实验。

实验器材

准备好的物品在□中打“√”，使用替代物品的在□中打“※”。

□毛巾　　□气球　　□易拉罐

替代用品及说明________________

实验步骤

1. 将气球吹大并扎紧。

2. 准备一个空的易拉罐，用气球去“招惹”易拉罐，易拉罐一动也不动。

3. 用毛巾摩擦气球，可以摩擦久一点。

4. 你有什么发现？

实验现象

你的实验成功了吗？一起分享一下观察到的实验现象吧！

____

____

____

让我们一起来了解一下实验原理。

实验大揭秘

这是静电效应，带电体能吸引轻小物体。经摩擦的气球带上电荷，气球靠近易拉罐时，电荷对易拉罐有吸引力，空易拉罐就跟着气球一起滚动。

想一想

1. 回顾实验操作的过程，怎样才能使气球吸引易拉罐滚动？

____

____

____

2. 把气球改为塑料袋，能够达到同样的效果吗？

____

____

____

3. 关于静电有许多的小实验，你还知道哪些？根据本节课的实验原理，如何减少静电呢？

____

____

____

你可以总结一下实验过程中确保实验顺利进行的方法，也可以先猜测一下上述问题的答案，然后设计一个实验进行探究，再寻求答案。

生活挑战

在干燥的冬日，我们会感觉到处都有静电，特别是在触碰门把手、水龙头，开窗户的时候。怎么才可以消除这些静电呢？

知识小链接

静电印花、静电喷涂、静电植绒、静电除尘、港电分选技术等，已在工业生产和生活中得到广泛应用。静电也开始在海水淡化、农药喷洒、人工降雨、低温冷冻等许多方面发挥作用，甚至在宇宙飞船上也安装了静电加料器等静电装置。

静电也会严重干扰飞机无线电设备的正常工作。纸张之间的静电会使纸张粘在一起，难以分开，给印刷带来麻烦。在制药厂，由于静电吸引尘埃，药品达不到标准的纯度。电视机打开时荧屏表面的静电容易吸附灰尘和油污，形成一层薄膜，使图像的清晰度和亮度降低。在混纺衣服上常见而又不易拍掉的灰尘，更危险的是有可能因静电火花点燃某些易燃物品而发生爆炸。漆黑的夜晚，我们脱掉尼龙、毛料衣服时，会发出火花和“噼噼啪啪”的响声，这对人体基本无害。但在手术台上，电火花会引起麻醉剂爆炸，对医生和患者造成伤害。在矿井，静电会引起瓦斯爆炸，导致工人死伤、矿井报废。

神奇的气球

气球是充满空气或其他气体的一种密封袋。气球不但可作为玩具,也可作为运输工具。今天,我们来探究一下气球的奥秘。

实验器材

准备好的物品在□中打"√",使用替代物品的在□中打"※"。

□气球　　□透明塑料瓶　　□工字钉　　□水槽和水

替代用品及说明________________

实验步骤

1. 将气球放在塑料瓶内，气球口套在塑料瓶口上。

2. 用力吹气球,观察气球的变化。

3. 将工字钉扎在塑料瓶底部，不拔出。

4. 用力吹气球，观察气球的变化。

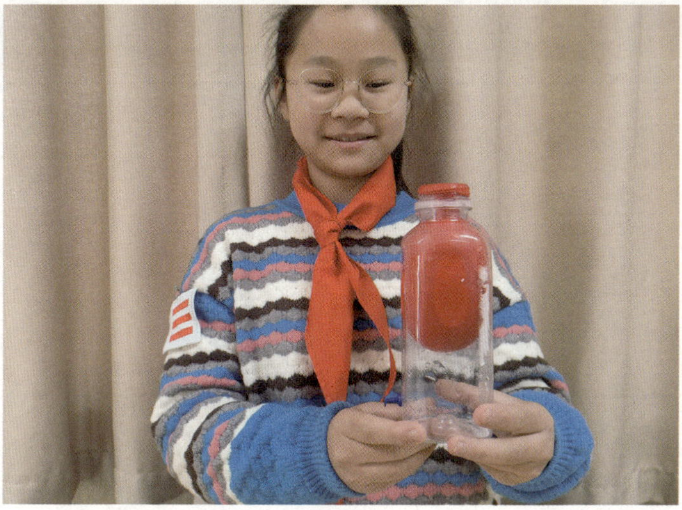

5. 拔出工字钉，观察气球的变化。

6. 用力吹气球，在气球吹鼓时，不松嘴将工字钉插回原来的孔中，再松开嘴，观察气球的变化。

7. 保持工字钉不动，将带有气球的塑料瓶放在空水槽中，在气球中倒满水，拔出工字钉，观察气球的变化。

实验现象

小小气球竟然如此神奇，请你在表中记录每一步实验观察到的现象。

实验步骤	实验现象（观察气球的变化）
1. 将气球放在塑料瓶内，气球口套在塑料瓶口上，用力吹气球	
2. 将工字钉扎在塑料瓶底部，不拔出，用力吹气球	
3. 拔出工字钉，用力吹气球	
4. 在气球吹鼓时，不松嘴将工字钉插回原来的孔中，再松开嘴	
5. 保持工字钉不动，将带有气球的塑料瓶放在空水槽中，在气球中倒满水，然后拔出工字钉	

实验大揭秘

我们吹气球通常是在空气中吹的，而因为气体膨胀，气球内的气压大于外界气压，因此气球可以被吹大。当你把气球放入一个玻璃瓶中，并将气球的口套住瓶口，用力吹气球时，因瓶内的气体密闭，气球膨胀时，瓶子内的气体被压缩，气压变大，远远大于气球的气压，因此气球不可能被吹大。若想将气球吹大，最好能将瓶子内的气体抽空。本试验中用工字钉在瓶壁上扎一个小孔，使其与外界连通就可以把气球吹起来啦！堵塞小孔又可使气球不收缩，再往气球中灌水后移开堵塞的小钉，气球就会收缩并将里面的水挤出。这个实验体现了空气压力和气体流动性原理。

想一想

用其他物体代替工字钉可以吗？

____

____

____

生活挑战

不知道大家有没有发现，我们在用吸管吸饮料的时候，吸管里的水也会比杯中的水高出很多，你知道原因吗？

知识小链接

最早的热气球——孔明灯

气球可作为玩具，亦可作为运输工具，也就是人们熟知的热气球。最早的有记载的热气球就是孔明灯，也叫作天灯。

相传孔明灯是诸葛孔明为了传递军情，用纸扎的大型空飘纸灯笼。诸葛亮当时被司马懿困于平阳，以当时的科技水平，无法与外界联络，只好制作大型灯笼，空飘后当成求救信号。知名学者李约瑟也指出，公元1241年蒙古人曾经在李格尼兹战役中用龙形天灯传递信号。

天灯除了用于战争时传递信号，也用于通知躲在外面或山中避难的居民，村内盗匪已走。因此，南方许多地区统一在元宵节放天灯，祈求平安。

第三单元

地球与空间科学

愤怒的火山

在大山的家族里，有一个脾气特别暴躁的家伙叫火山，你们看，它又发脾气了……

阿什库勒火山群位于新疆于田县以南昆仑山中部，1951 年 5 月 27 日，该火山突然喷发，当时浓烟滚滚，火光冲天，岩块飞腾，轰鸣如雷，持续了好几个昼夜，堆起了一座 145 米高的锥状体。

火山是怎样喷发的呢？让我们模拟一下“火山喷发”吧！

实验器材

准备好的物品在□中打“√”，使用替代物品的在□中打“※”。

□橡皮泥 □小苏打 □白醋 □红墨水 □洗洁精 □托盘

替代用品及说明______________________

实验步骤

1. 用橡皮泥做成一个火山的底座。

2. 将小苏打放入“火山”。

3. 将红墨水倒入“火山”。

4. 将白醋倒入“火山”。

5. 在“火山”中加入洗洁精，产生许多泡泡。

6. 泡泡外溢并沿“火山”模型不断喷流。

实验现象

在实验中观察到了哪些实验现象？赶快记录下来吧！

实验大揭秘

这个小实验与火山爆发的原理有着异曲同工之妙。实验中外溢的气泡相当于岩浆，橡皮泥口即火山口，而橡皮泥就相当于火山体，托盘则代表地面。因为小苏打是碱性的，遇到酸性的醋后会发生化学反应，产生大量的二氧化碳气体，而二氧化碳气体遇到洗洁精后，就会产生很多泡泡，外溢并沿着火山模型喷流而出。

想一想

1. 火山喷发前会有哪些迹象呢？

2. 火山喷发是一种严重的自然灾害，对人类有哪些危害？火山对人类有益处吗？

3. 对于火山你还有什么问题要研究？

你知道吗？海底也有火山！开动你聪明的大脑，利用身边的物品，设计一个模拟海底火山喷发的实验，进一步探究。

生活挑战

在离地球表面几百千米以下的地层中，有一种成分很复杂、温度很高像铁水一样的物质在流动，这种物质叫作岩浆。岩浆的活动力非常强，它上面覆盖的岩层会把它强烈地压住而不能自由地流动。因为在地球内部，各个部分的压力不一样，所以被困住的岩浆就会在地壳下压力比较弱的地方，喷涌出来。这就是火山喷发。

现在我们感受一下，火山喷发的力量吧！把一瓶可乐剧烈晃动，再打开，喷出大量的泡沫是不是很壮观？这就像是火山喷出瞬间。你知道地球上有多少火山吗？搜集一下火山的知识。

知识小链接

南极冰川下的火山

在许多人印象中，南极是一片极度严寒、暴风雪肆虐的不毛之地。的确，南极大陆平均海拔2350米，是世界上平均海拔最高的大陆，且由于极地气候酷寒、少降水，这个地方终年覆盖着数千米厚的冰层。但随着全球气候变暖日趋严重，许多冰架慢慢崩离，周边的岛屿也开始消融。来自英国爱丁堡大学的科学家利用遥感系统对位于西南极冰盖下方的裂谷展开了研究，他们在西南极处意外发现大量向上突出的锥形结构。经过验证，令科学家们倍感惊讶的是这个小小的地方竟存在138座火山，其中更是有91座火山是从未被人类发现过的。

虽然这些火山深居数千米的冰层下面，但有些火山的活跃程度较高，一旦喷发，势必像一个巨型的火炉对上方的冰层持续加热，导致冰盖加速融化，破坏南极原生生态环境，还会造成海平面暴涨的严重后果。对此你怎么看呢？小朋友，把你知道的火山知识，做一张科学小报，和你的小伙伴们来一次“火山旅行”吧！

多彩的土壤

在地球的每一个角落，我们都能见到它，它是大量微生物的家园，它是维系植物生长的营养物质，它是小动物们的聚集场所，是人类赖以生活的地方，是地球丰富多彩的皮肤。它是什么？你们猜出来了吗？让我们一起瞧一瞧吧！

地球表面原来有这么丰富多彩的土壤，让我们一起通过今天的科学小实验，来认识土壤里面有些什么。

实验器材

准备好的物品在□中打“√”，使用替代物品的在□中打“※”。

□滤纸　□烧杯　□搅拌棒　□土壤

替代用品及说明＿＿＿＿＿＿＿＿

实验步骤

1. 观察土壤的外观，说说你的发现。

2. 用手捻土壤，你有什么发现？

3. 把土壤握一握、团一团、捏一捏，你看到了什么？

4. 把土壤缓慢放入烧杯，搅拌、静置，观察。

5. 把土壤放到烧杯中，用水过滤，观察实验现象。

记录土壤里有什么

用眼看	用鼻闻	用手捻	握、团、捏	搅拌、静置	用水过滤
有(　　)	有(　　)	有(　　)	有(　　)	有(　　)	有(　　)

实验现象

看看你们都用了哪些办法，发现土壤中有什么？和你身边的小朋友们交流一下吧！

____

____

____

实验大揭秘

1. 对于颗粒较细的土壤，可以将其团成团，轻松地捏成任意形状。若土壤中有较多砂粒，则团不成团，容易松散。

2. 把土壤搅拌、静置，会出现 3 层：底层较粗，呈沙质状；中层较细，呈壤质状；上层极细，呈泥质状。

3. 土质粗糙，含沙质颗粒大且多的土壤渗水速度最快；土质细腻，含细小颗粒较多的土壤渗水速度最慢；土壤中有大小不一的砂粒和粉粒，渗水速度中等。

想一想

1. 土壤中除了这些物质外，还有其他物质吗？

____

____

____

2. 土壤里有一些垃圾、塑料袋、废电池，它们对土壤有什么影响？

____

____

____

3. 土壤是植物的“家”，我们应该怎样保护土壤？

____

____

____

通过实验，你知道土壤里的成分有哪些吗？你是用什么样的小实验知道土壤里的成分的？你可以自己设计一个小实验，做一做，进一步对土壤进行探究。去探寻奇妙的土壤世界吧！

生活挑战

生活中常见的土壤按质地分为三大类：砂质土、黏质土和壤质土。颗粒粗糙，含沙量多，渗水速度快的，是砂质土。颗粒细腻，含沙量少，渗水速度慢的，是黏质土。颗粒大小不一，含沙量适中，渗水速度一般的，是壤质土。

水稻适合在黏质土中生长，黏质土保水能力强，育肥充足。胡杨适合在砂质土中生长，砂质土的抗旱能力强，可使植物扎根深远。月季花适合在壤质土中生长，壤质土通气透水，利于花卉生长。我们生活中常见的植物有凤仙花、绿萝、多肉植物等，它们适宜种在哪种土壤里呢？养一盆你喜欢的花，根据植物的特性和生长环境，为它配出适合的土壤吧，为你喜欢的花营造一个温暖的“家”。

知识小链接

五色土

中国的土壤资源丰富，类型繁多，颜色多彩。我国常见的五色土指青、红、黄、白、黑5种颜色的纯天然土壤。黑土主要分布在我国东北平原，因为这里湿润寒冷，微生物活动较弱，土壤中有机物分解慢，积累较多，所以土色较黑。黄土主要分布在我国黄土高原，这里的土壤呈黄色，这是由于土壤中有机物含量较少。红土主要分布于长江以南的低山丘陵区，这是由于在高温多雨的南方土壤中易溶于水的矿物质被风化、分解、流失，只剩下氧化铁、铝等矿物质残留在土壤表层，形成红土壤。青土主要分布在我国的东部地区，因为在排水不畅或长期被淹的情况下，红土壤中的氧化铁常被还原成浅绿色的氧化亚铁，土壤便成了灰绿色的。白土主要分布在我国的西部地区，这些地方的土壤含有较高的镁、钠等盐类和碱性物质。

小朋友们，到大自然中走一走、看一看，我们身边的菜园里、马路边、山林间、戈壁滩、沙漠中，土壤都是什么颜色的？什么形状的？什么类型的？把你的发现跟你的小伙伴分享。

转动的小星星

小朋友们，当我们在夜晚仰望浩瀚夜空时能看到许许多多的星星，天上的星星不停地向我们眨着眼睛。夜空非常美丽而且神奇。今天，我们来进行一次星空之旅，去夜空中遨游吧！

绚烂多姿的星空仿佛具有魔力，让我们产生无限的遐想。怀着对宇宙的好奇，对太空的向往，我们试着用小星星做一个实验。虽然这个星星不会“眨眼”，但是却能够不停地旋转，这是怎么做到的呢？我们一起来看看吧！

实验器材

准备好的物品在□中打“√”，使用替代物品的在□中打“※”。

□卡纸　□剪刀　□超轻黏土　□吸管　□牙签　□抹布

替代用品及说明＿＿＿＿＿＿＿＿＿＿＿＿＿＿＿＿

实验步骤

1. 将正方形卡纸对折两次。

2. 用剪刀剪去中间的一角，将剪下来的小纸片展开折成星星的样子。

3. 在超轻黏土上插一根牙签，将剪好的星星放到牙签上。用抹布摩擦吸管。

4. 将吸管靠近小星星。

转动的“小星星”实验记录

转动方向	转动次数
顺时转	
逆时转	

实验现象

分享一下你观察到的实验现象吧！

一闪一闪亮晶晶，小小星星转不停。小朋友们，你们的“小星星”转起来了吗？多做几次，看看还能有什么其他的发现吗？

实验大揭秘

当吸管与抹布摩擦后会产生静电,吸管带负电荷,抹布带正电荷。当一个带有静电的物体靠近另一个不带静电的轻小物体时,在电场力的作用下,没有静电的物体内部会集聚与带电物体所携带电荷相反极性的电荷,由于异性电荷互相吸引,就会表现出"静电吸附"现象。我们的"小星星",就会被带有电荷的吸管吸引而转圈。

想一想

1. 观察星空,这些星星大小、明暗、远近一样吗?

____

2. 星星是否和太阳、月亮一样,也是天空中的星体?

____

3. 为什么白天看不到星星?

____

请大胆做出猜想,并与同伴一起探索星星的秘密。当我们观测满天繁星时,要选择光比较少的旷野,选择没有月亮或月亮较小的晴朗的夜晚。

生活挑战

2016 年 4 月,美国宇航局和欧洲航天局公布了"哈勃"太空望远镜拍摄的一些令人震撼的太空照片。

在"哈勃"拍的照片中有颗名为"V838Mon"的恒星位于麒麟星座方向，距离地球2万光年，在照片上可以看到恒星周围漩涡状的尘埃云。据估计，这些漩涡状尘埃云在星际空间中能跨越数万亿千米。有趣的是，这些太空摄影作品与荷兰印象派绘画大师文森特·凡·高的名作《星空》有"异常相似"之处。

《星空》描绘出星光灿烂的夜空，闪烁于碧蓝色夜空中的星星，格外夺人眼目。每一颗大星、小星回旋于夜空中，新月也形成一个漩涡，星云与棱线宛如一条巨龙不停地蠕动。所有的一切似乎都在回旋、转动、汹涌、动荡、旋转、活跃，在夜空中放射艳丽的色彩。小朋友，浩瀚的天空中有无数的星星、星云、星系，星空如此美丽，让我们一起仰望天空来认识不同的星座，拿起画笔也来画一画星空吧！

知识小链接

哈勃太空望远镜

哈勃太空望远镜为纪念天文学家埃德温·哈勃而得名。目前，它是被送入地球轨道上的口径最大的望远镜。哈勃太空望远镜全长12.8米，镜筒直径4.27米，重11吨，于1990年4月25日由美国航天飞机送上高590千米的太空轨道。哈勃太空望远镜以时速2.8万千米沿寂静的太空轨道运行，默默地窥探着太空的秘密。哈勃太空望远镜由三大部分组成：第一部分是光学部分，第二部分是科学仪器，第三部分是辅助系统。它是如何工作的呢？它的工作离不开身上的"精密仪器"，除了光学仪器外，望远镜还配备光谱仪及高速光度计、精密制导遥感器等多种附属设备。它生成高质量的图像，供各种科学仪器进行精密处理，得出来的数据由高增益天线通过中继卫星系统发回地面。

哈勃太空望远镜在工作期间，可以由航天飞机上的航天员进行维修，必要时，也可以用航天飞机将整个望远镜载回地面修理，然后再送入轨道。

从1990年4月24日开始服役算起，哈勃太空望远镜距今已经服役30年，在服役的30多年时间里，哈勃太空望远镜拍摄了大量令人震撼的、奇幻的星云、神秘的宇宙照片。直到今天，哈勃望远镜还在发挥它的余热。2020年1月，美国宇航局宣布哈勃太空望远镜拍摄到迄今为止最遥远、最古老的星系群EGS77，这个星系群诞生于宇宙大爆炸后的6.8亿年，对人类研究宇宙起源具有重要意义。

哈勃太空望远镜是人类科学史上最重要的太空装备之一，也是人类航天史上最强大的望远镜。小朋友们，你现在是不是也想观测一下星空呢？把你的发现跟你的小伙伴一起分享吧。

可怕的龙卷风

生活在海边的人，有机会看到一种奇异的自然现象。天空中浓密的雷雨云中，有时会伸出一条黑色的尾巴，古人称它为“龙”。它像一个巨大的漏斗，迅速伸向海面，水面立刻竖起一根水柱，云水相接，十分壮观。人们将这种自然现象称为“龙吸水”。实际上它是一股猛烈的旋风，和“龙”没有关系。不过，世代相袭，气象学上也称其为“龙卷风”。

让我们模拟一下“水龙卷”吧！做一个五彩的“水龙卷”。

实验器材

准备好的物品在□中打“√”，使用替代物品的在□中打“※”。

□2 个塑料瓶　□剪刀　□色素　□自来水　□连接器

替代用品及说明________________

实验步骤

1. 观察瓶中的水，上下倾倒，能看到“水龙卷”吗？

2. 用力晃动瓶子，将瓶子平放在桌子上，你有什么发现？

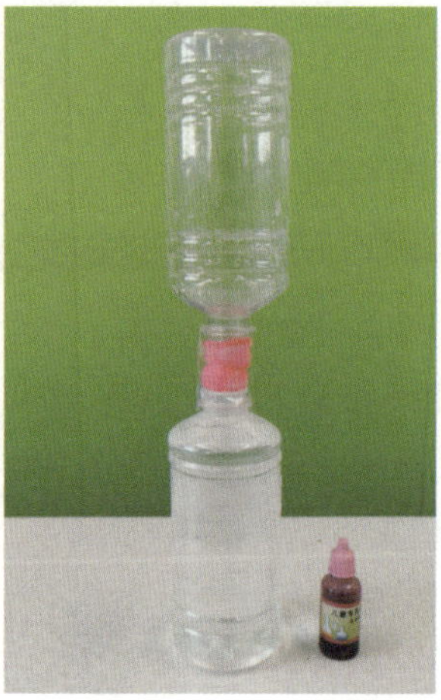

3. 在瓶中加入不同颜色的色素,会有什么效果呢?

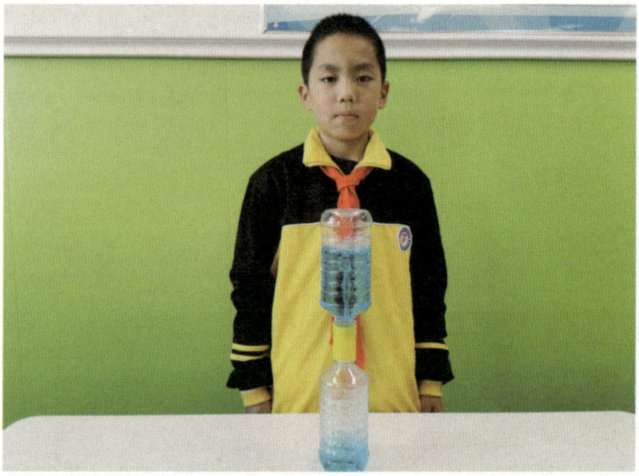

4. 晃动瓶子,静置并观察。

5. 反复做几次实验，晃动的速度快慢和形成“水龙卷”大小之间有什么联系吗?

水龙卷的实验记录

水中加色素	水中加洗衣液	水中加一些米粒
有(　　)现象	有(　　)现象	有(　　)现象

实验现象

看看你们都用了哪些办法？发现了什么？和你身边的朋友们交流一下吧！

实验大揭秘

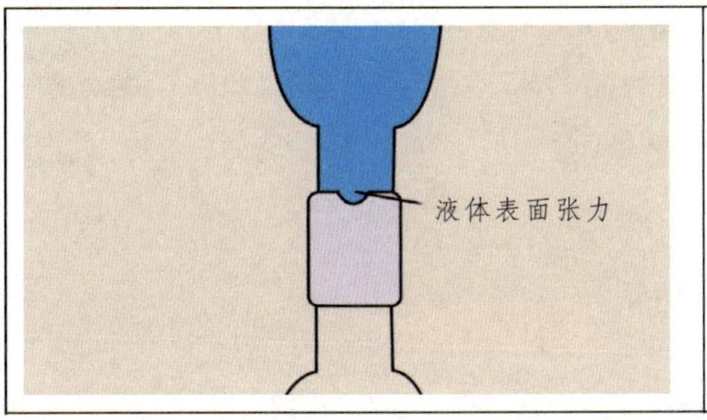

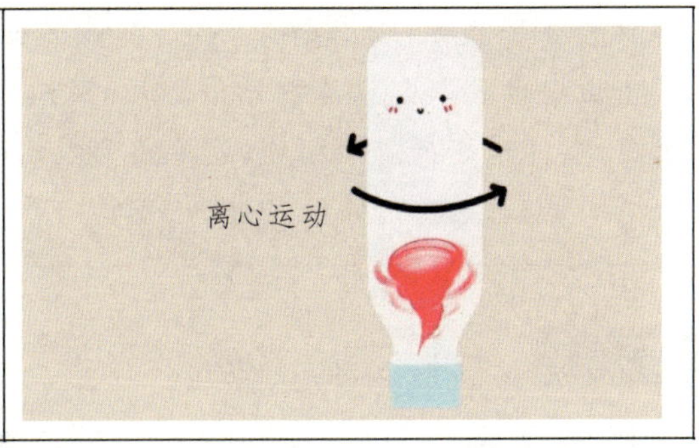

1. 刚开始没有旋转瓶子时，因为洞口半径较小，在液体表面张力作用下，水滴不易向下滴出。若你完全没有晃动瓶子，水会直接向下流，没有漩涡。

2. 水中龙卷风属于一种离心运动，当顺时针或逆时针摇晃瓶子时，水会随着瓶子的转动产生一个角动量，随之旋转。

3. 当停止摇晃时，水转动撞击瓶身，瓶身会给水一个支撑力，继续支持其转动，就像龙卷风一样。

想一想

1. 龙卷风可怕吗？为什么可怕？

2. 龙卷风怎样形成的？它是什么形状的？它有哪些特点呢？

生活挑战

一般而言,龙卷风多见于沿海地区和海岛。龙卷风是一种非常强烈的旋风,有时会带来大雨、雷电或冰雹。由于龙卷风内气压很低,它具有很强的吮吸性。龙卷风发生在水面或海面时,能吸起高大水柱,称为“水龙卷”或“海龙卷”,中国民间也称“龙吸水”。当它发生在陆地时,可把大量沙尘吸到空中,形成尘柱,称“陆龙卷”。龙卷风的范围并不大,一般“水龙卷”直径为25~100米;“陆龙卷”的直径小的几米,大的超过1000米,其风速一般每秒达50~100米,而十二级台风风速也只有每秒33米,要和龙卷风比起来,自然就大为逊色了。龙卷风维持时间也不长,一般在几分钟到几十分钟,最多不超过数小时。但由于它是一种高速旋转体,中心气压极低,风力很大,破坏力极强。

生活中也可以遇到这种漩涡,如洗菜池里有大量的水,一旦打开塞子,就会形成湍急的水流,当你用手把漩涡堵住,就感觉自己的手被吸了一下。

试一试:利用身边常见的物品,制作一个“陆龙卷”。

知识小链接

可怕的龙卷风

龙卷风的破坏力异常惊人,所到之处,巨浪汹涌,惊涛拍岸。它可以把20吨重的大锅炉卷到500米以外的地方,也可以把110吨重的储油桶轻易地举到15米高空,摔于120米外;还能把千百吨海水吸向空中,使一些地方莫名其妙地下起“鱼雨”“麦雨”“青蛙雨”和“银币雨”;它甚至将大树连根拔起;使城市变为一片废墟。1925年3月18日,美国出现了一次强龙卷风,运动时速为96.6千米,它穿过密苏里、伊利诺伊、印第安纳三州,行程达354千米,造成大量财产损失,689人死亡。这次龙卷风被载入吉尼斯世界纪录。

我国龙卷风有两个高发带,一个自长江三角洲经苏北平原至黄淮海平原,南北走向,呈下弦月形,最大中心在山东和江苏交界处的平原湖泊处;另一个在广东和广西,呈东西走向。当龙卷风到来时,该怎样防护呢?

躲避龙卷风的措施包括:①地下室、防空洞、涵洞及高楼最底层是躲避龙卷风的最佳之处;②当处在建筑物的底层、底层走廊、地下部位时是安全的;③在田野空旷处遇到龙卷风时,可选择沟渠、河床等低洼处卧倒。提示:最安全的位置是躲在地下或半地下的掩蔽处。注意:不要到礼堂、仓库、临时建筑这类空旷、不安全的场所躲避。

神秘的地球

地球是我们人类的家园。我们都知道，地球是一个球体，那么我们有没有想过这个巨大的球体里面是什么样的呢？

让我们一起通过今天的小实验，去认识神秘的地球吧！

实验器材

准备好的物品在□中打“√”，使用替代物品的在□中打“※”。

□超轻黏土　　□黏土刀

替代用品及说明________________

实验步骤

1. 将6种颜色的超轻黏土依次搓成圆球，每种颜色代表地球的一部分。

2. 将6种颜色的球一层一层黏在一起，做成一个地球模型。

3. 将做好的地球模型静置 5 天左右，干了之后用黏土刀切开，看，地球模型切开后的样子！

请记录实验中每种颜色的超轻黏土分别代表地球上的什么。

地球模型实验记录

红色 黄色 绿色 ……

实验现象

分享一下你观察到的实验现象吧！

______

______

______

实验大揭秘

通过做实验，你们发现了什么？

地球内部结构由内向外依次为地核、地幔和地壳。而地球外表面分为 4 个圈层，即大气圈、水圈、生物圈和岩石圈。

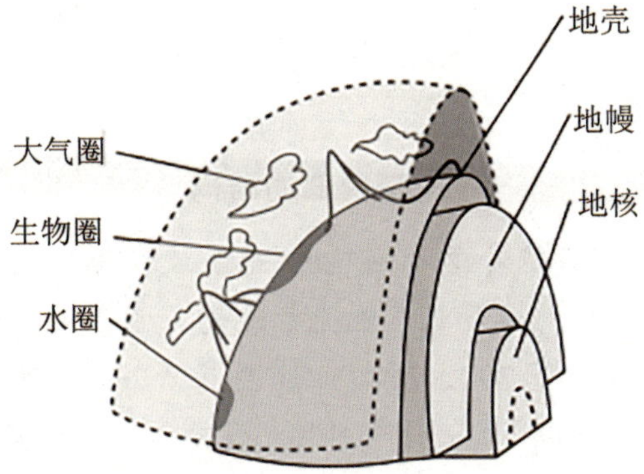

想一想

1. 地球上的生物都生活在地球的表层，表层有机体包括微生物及其自下而上环境的总称为生物圈。你能尝试用超轻黏土做一些植物或小动物的模型吗？

______

2. 我们每天都生活在地球上，地球内部并不像我们所看到的那样平静，那么地球内部的运动对我们的生活会产生怎样的影响呢？

______

3. 地球是我们人类赖以生存的家园，我们应该怎样保护美丽的地球呢？

______

生活挑战

月球是地球唯一的天然卫星，形成于约 45 亿年前，在地球形成后不久。有关月球的起源有几种假说，得到更多事实证据支持的说法是，它由地球与火星般大小的天体——“忒伊亚”之间一次巨大撞击所产生的碎片，在地球外围聚集而形成，即“大碰撞起源说”。

月球直径大约是地球的 1/4，质量大约是地球的 1/81。其表面布满了由小天体撞击形成的撞击坑。月球与地球的平均距离约为 38.44 万千米，大约是地球直径的 30 倍。

我们可以从月震波的传播知道，月球也有壳、幔、核等分层结构。你能尝试做一个月球模型吗？快去试一试吧！

知识小链接

地球内部的结构

1910 年，地震学家莫霍洛维奇意外地发现，地震波在传到地下 50 千米处会发生折射现象。他认为，这个发生折射的地带就是地壳和地壳下面不同物质的分界面。1914 年，德国地震学家古登堡发现，在地下 2900 千米深处，存在着另一个不同物质的分界面。后来，人们为了纪念他们，就将这两个面分别命名为“莫霍面”和“古登堡面”，并根据这两个面把地球分为地壳、地幔和地核 3 个圈层。

地壳，地质学专业术语，是指由岩石组成的固体外壳，地球固体圈层的最外层，岩石圈的重要组成部分。通过对地震波的研究判断，地壳与地幔的界面为莫霍洛维奇不连续面(莫霍面)。

地幔，介于莫霍面和古登堡面之间，厚度在 2800 千米以上，主要由致密的造岩物质构成，这是地球内部体积最大、质量最大的一层。地幔又可分成上地幔和下地幔两层。一般认为，上地幔顶部存在一个软流层，推测是由于放射元素大量聚集，蜕变放热，将岩石熔融后造成的，可能是岩浆的发源地。

地幔下面是地核，即地球的核心部分，位于地球的最内部。地核的平均厚度约为 3400 千米，主要由铁、镍元素组成，温度非常高，有 4000~6800℃。由于地震波的横波不能穿过外核，所以一般推测外核是由铁、镍、硅等物质构成的熔融态或近于液态的物质组成的。

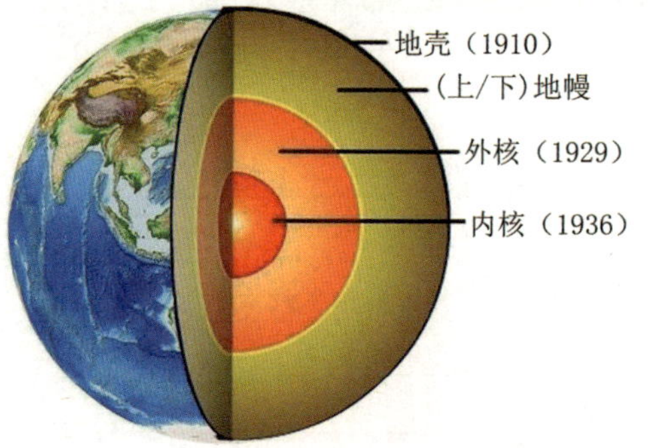

小朋友，在你的脑海里，地球内部是什么样的呢？发挥你的想象力，拿出画笔来画一画你心中神秘的地球吧！

神奇的地震波

2012年6月30日，新疆维吾尔自治区伊犁哈萨克自治州新源县、巴音郭楞蒙古自治州和静县交界，发生了6.6级地震，震源深度7千米。

地震发生后，部分地区出现停电现象，居民从家中跑出。邻近震中的尼勒克县有人称，地震时，剧烈的晃动将人从床上摇落下来。

地震是地壳快速释放能量过程中造成的振动，其间会产生地震波的一种自然现象。你们想感受一下神奇的地震波吗？让我们一起来做个小实验吧！

实验器材

准备好的物品在□中打“√”，使用替代物品的在□中打“※”。

□吸管　　□胶带

替代用品及说明＿＿＿＿＿＿＿＿＿＿＿＿＿＿

实验步骤

1. 准备一定长度的胶带，将具有黏性的一面朝上，并把它的两端固定在桌上。

2. 把吸管粘在胶带上，尽量将吸管中间的位置粘在胶带上，最好保持每根吸管的长度和位置一致。然后在上面再贴一层胶带，尽量保持和下面的胶带重合。

3. 双手用力在两端拉直，拨动一端的吸管，注意换个角度观察。

实验现象

分享一下你观察到的实验现象吧！

____

____

____

实验大揭秘

通过和小伙伴们做实验，你们发现了什么？

波或波动是一种常见的物理现象，波有很多种类型，横波与纵波是其中的两种。振动方向与波传播方向垂直的称为横波，振动方向与波传播方向相同的称为纵波。

可以看到，实验中的胶带一直处于紧绷状态，就像一根弦，而贴在胶带上的小吸管起到了放大振动、便于观察的作用。通过对吸管的观察，我们知道，波是沿着胶带传播的。

另一方面，我们可以看到胶带会发生扭转与弯曲，而且波会以扭转与弯曲的形式向前传递，同时，扭转与弯曲的方向是与胶带所在直线垂直的。因此，这个波是横波。我们可以从吉他弦的振动看到类似的现象。

想一想

1. 地震发生前有什么征兆？

2. 地震会给人类带来哪些危害？

3. 地震虽然有预警，但它的发生是瞬间的，如果我们正在教室里上课，突然发生了地震，应该怎么办？如果你正在家里玩或者睡觉，突然发生了地震，又该怎么办？

生活挑战

据统计，地球上每年发生500多万次地震，即每天要发生上万次地震。其中绝大多数太小或太远，以至于人们感觉不到；真正能对人类造成严重危害的地震有十几次；能造成特别严重灾害的地震有一两次。人们感觉不到的地震，必须用地震仪才能记录下来；不同类型的地震仪能记录不同强度、不同位置的地震。世界上有数以千计的地震仪器日夜监测着地震的动向。

当前的科技水平尚无法预测地震何时到来，未来相当长的一段时间内，地震也是无法预测的。对于地震，我们更应该做的是提高建筑抗震等级，做好防御，而不是预测地震。

同学们，你们知道如何正确避震吗？搜集有关避震的知识。

知识小链接

神奇的"地震波"!

地球被称为大水球,主要是因为地球上海洋的面积占了整个地球表面积的71%。但是,美国有科学家认为地球上的海水量远不止这些,在地下400~650千米的深度隐藏着大量的海水,这些海水量远大于地球表面海洋的总水量。

Nature 上也曾有科学家发表文章,认为在上下地幔的过渡地带确实存在一片海洋,但是这片海洋可能不是以液态存在,而是躲藏在一种名为林伍德石的岩石中,这种岩石常见于低铁群粒状陨石的冲击熔融脉体中,受高压在地球上下地幔过渡带而形成。

当地震波到达400~650千米深的区域时,人们发现了不同寻常的现象,在这片区域内可能含有大量的水分,并且只在地震发生时才检测到纵波传播速度变慢。这表明,在稳定的状态下存在于此深度区域的林伍德石像一块固体一样,当发生地震或是高温高压的环境下,林伍德石就会将内部的水赶出体外,而当温度和压强降低,水分又会被重新吸入林伍德石中。

地震波是目前我们所知道的唯一一种能够穿透地球内部的波。通过对地震波的研究,我们可以判断地球内部的结构和状态。

我国目前正在实施的"地下明灯计划",就是通过人造地震波探测地球内部结构。研究人造地震波对地球的探测过程就好比给地球深部做"CT",由于地球内部介质的物理性质不同,地震波在地下介质中传播会发生反射、折射和透射,科学家通过观测不同传播路径的地震波速变化,能获得地球内部结构图像。

第四单元

工程与技术

斜拉桥

我们可以看到各种各样的桥。按受力特点分，有梁式桥、拱式桥、悬索桥、斜拉桥、刚架桥和组合体系桥。每一种桥都有它们独特的受力方式，这样才能承担起成千上万吨的重量。在斜拉桥中，我们可以看到细细的“绳子”和一些“柱子”，你知道它们是怎么承担起如此大的重量吗？

我们通过今天的科学小实验，一起来研究吧！

实验器材

准备好的物品在□中打“√”，使用替代物品的在□中打“※”。

□若干张A4纸　□尼龙绳　□图钉　□小刀　□剪刀

替代用品及说明______________________

实验步骤

1. 先画设计图，确定桥面、塔柱、绳索的长度。（桥最少为双塔柱设计，可以设计多个塔柱。）

2. 先将A4纸卷成前后均匀的实心小纸棒，再将4个纸棒一组用一张A4纸卷成一个大的方形纸棍。

3. 根据设计图上的数据，先对大纸棍进行裁剪和组装（组装可以采用榫卯结构穿插，不得用胶水）。桥面最少为 2 层，最后将桥组装在一起。

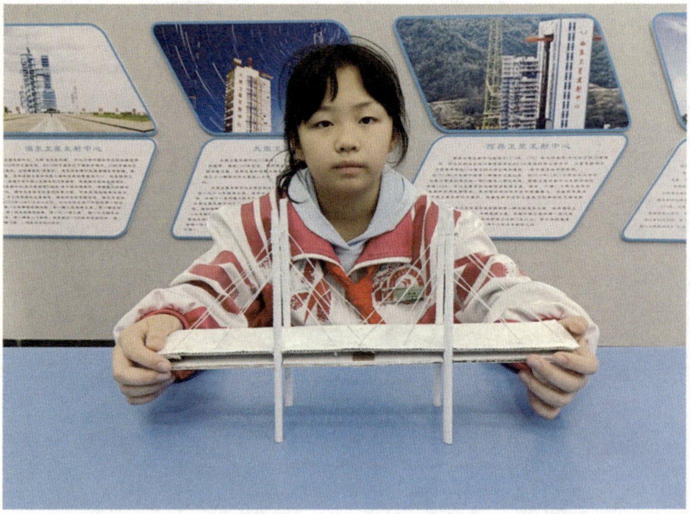

4. 根据桥的设计、跨度、宽度、高度和承重 5 个因素，评出既美观又实用的桥。

实验现象

分享一下你观察到的实验现象吧！

____

____

____

____

实验大揭秘

让我们一起来了解一下实验原理。

1. 斜拉桥的“核心”是塔柱，有索拉它，它变弯，如果索在塔柱两侧对称布置，那么，两侧拉力平衡，其受力方向主要是竖直向下的，这样受力最合理。塔柱把力全部传给桥墩。

2. 其次重要的是缆索。缆索只能受轴向拉力，拉着桥面主梁。

3. 桥面主梁承载车辆、行人，其受索拉着，既是受弯构件，也是受压构件。其受力一方面来自桥面车辆荷载，另一方面是沿索方向的索拉力。

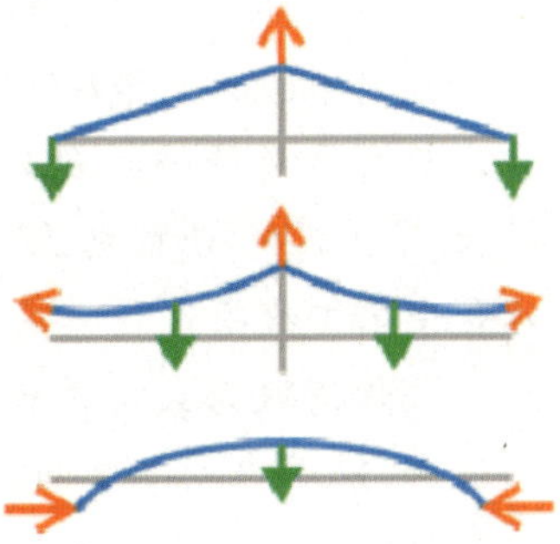

想一想

1. 回想实验过程，哪一步最关键？

2. 回想实验过程，桥的承重和什么关系最大？

3. 回想实验结果，你觉得你的桥可以加以改进而变得更紧固吗？

生活挑战

任务：玩过建高塔的游戏吗？这次试着用矿泉水瓶（不用胶水、胶带、图钉等有固定作用的工具）建一座又高又稳的高塔，可以用剪刀，想想还有什么可以用。快去试试吧！

知识小链接

斜拉桥之最

我国建造的世界跨径第一的斜拉桥——苏通长江公路大桥，2010 年 10 月竣工验收，它比日本最大跨径的多多罗大桥长 200 米左右，创造了最大主跨、最深塔基、最高桥塔、最长拉索 4 项“世界纪录”，还获得了美国土木工程协会 2010 年度土木工程杰出成就奖，这是中国工程项目首次获此殊荣。

杭州湾跨海大桥是世界上已建成的最长的跨海大桥，截至 2010 年，它已有 32 项专利技术、17 项省部级工程建设工法获得批示或在公示中。武广高铁汀泗河特大桥首次在无砟轨道上运用 140 米钢箱系杆拱结构，解决了高速铁路高跨度桥梁的路基沉降和温度影响等世界性难题，在世界上此类桥梁中跨度最大。

气球动力小车

早期的飞机需要螺旋桨产生向前的动力，利用大气压强，依靠机翼产生上升力，从而飞上天空。随着时代发展及科技进步，新的动力系统的飞机开始出现。它们没有可见的螺旋桨，只能看到尾部喷出的气体和火焰，并且比原来的飞机飞得更快更高。这是为什么呢？我们一起通过今天的科学小实验，认识反冲作用。

实验器材

准备好的物品在□中打“√”，使用替代物品的在□中打“※”。

□一次性竹筷若干	□4 个相同的饮料瓶盖	□1 个中号气球
□502 胶水	□2 根比筷子粗的硬质吸管	□1 个可伸缩吸管(细的)
□1 根橡皮筋	□1 把小刀	□塑胶枪

替代用品及说明____________________

实验步骤

1. 用小刀把一次性竹筷截成不短于 10cm 的长度。再用 502 胶水把筷子粘成不短于 5cm 宽的平竹板，至少做 2 个，粘在一起，作为车身。(在竹板上可以设计自己喜欢的样式和颜色。)

2. 把 2 根粗吸管粘在竹板的下面(吸管和竹板一样宽，控制好吸管在竹板前后的距离)。把竹筷穿过吸管作为车轴，每边留 1~2cm，并把饮料瓶盖粘在竹筷两端。在车身左右 2mm 处的车轴上用 502 胶水粘一小节遮挡物，防止车轴左右乱晃。

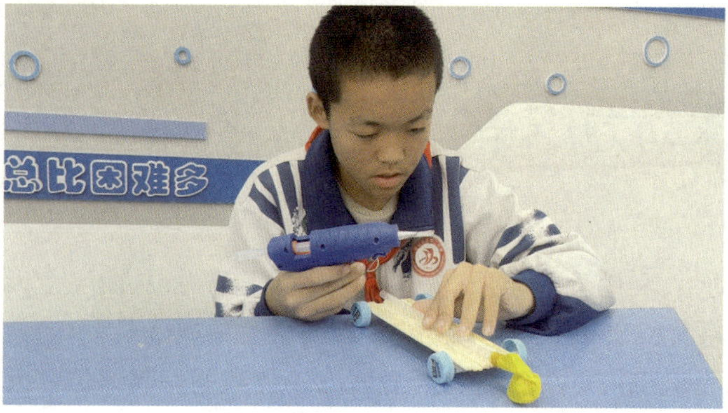

3. 用橡皮筋把气球绑在伸缩吸管的一端，再用塑胶枪把伸缩吸管固定在竹板上。

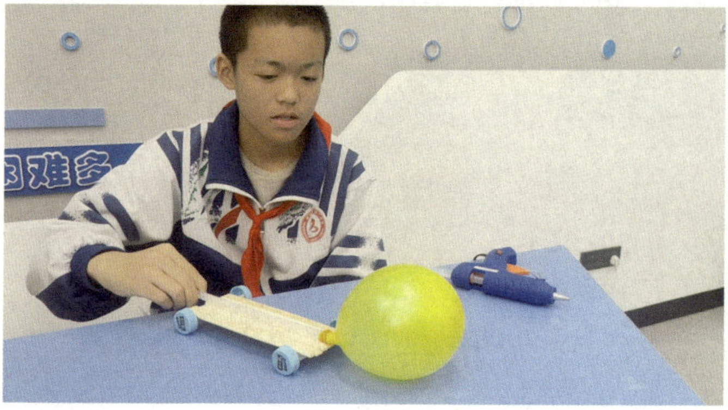

4. 通过伸缩吸管给气球吹气，然后捏住吸管，把小车放在较开阔的地面上，松开吸管，就可以看到一个神奇的现象。

实验现象

分享一下你观察到的实验现象吧！

____

____

____

实验大揭秘

让我们一起来了解一下实验原理。

以上实验利用反冲作用，如果一个静止的物体在内力的作用下分裂成两部分，一部分向某个方向运动；另一部分必然向相反的方向运动。

想一想

1. 回想实验过程,车身的大小会产生哪些影响?

2. 回想实验过程,气球的大小会产生哪些影响?

3. 回想实验过程,小车的速度与哪些因素有关系?

生活挑战

任务:同学们,你知道将充满气的气球的口松开,气球会怎么样吗?请你试一试,并利用这个方法让气球飞得更高更远吧!

知识小链接

反冲作用

反冲作用在生活中无处不在。例如,在滑板运动时,脚向后蹬地,但滑板向前运动。类似的运动还有很多,如滑雪。

前文介绍的喷气式飞机也是利用反冲作用。它和火箭的飞行均利用反冲原理,靠喷出气流的反冲作用而获得极快的速度。现代的喷气式飞机,靠连续不断地向后喷出气体,飞行速度能超过 1000m/s。燃料进入燃烧室,经高压电打火,喷油燃烧,因气体中含有氧气,会燃烧膨胀,向后喷出,燃烧室后面是涡轮,涡轮轴上装有涡轮盘,涡轮盘周围装满叶片,涡轮分 7~13 级,气体通过发动机后部的涡轮一级一级压缩,压力提高几百倍,最后通过尾部喷口高速喷出,产生反作用力,使飞机向前飞。

纸杯音箱

在生活中，大家常用手机听歌，但有时手机自带的喇叭音响效果不够大且不够集中，没办法满足我们的要求。而专业的音箱设备价格昂贵，我们能不能自制一个简单的扬声器呢？

今天我们通过一些简单的生活材料，制作一个可以用于各类手机的纸杯音箱。

实验器材

准备好的物品在□中打“√”，使用替代物品的在□中打“※”。

□2 个纸杯　□卫生纸芯　□铅笔　□美工刀

替代用品及说明________________

实验步骤

1. 用笔在纸杯上描出卫生纸芯的边，用美工刀挖开一个洞。

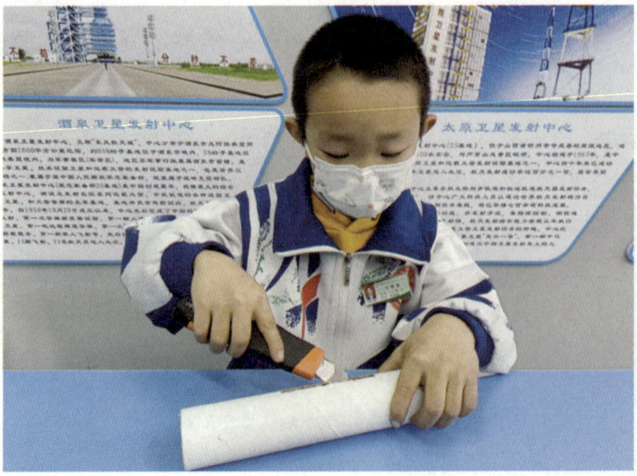

2. 沿铅笔画的轮廓，用美工刀裁剪。

3. 将提前裁剪好的手机槽纸芯塞进两个纸杯。

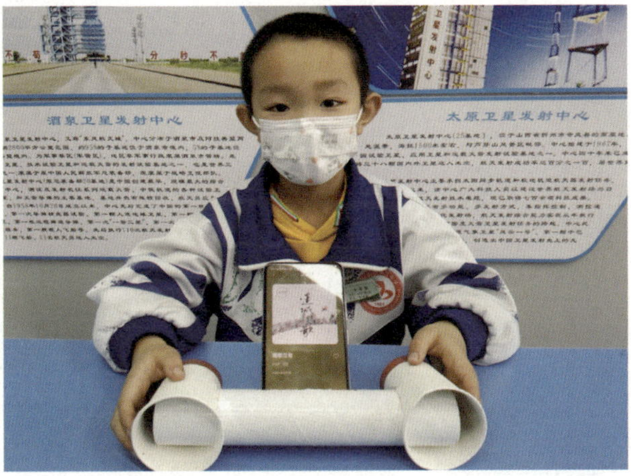

4. 纸杯音箱顺利做完了，快去试试效果吧！

实验现象

分享一下你观察到的实验现象吧！

____

____

____

实验大揭秘

你们听到的声音与原先的手机声音有区别吗？让我们一起了解一下实验的原理。

将手机放进纸杯音箱，我们听到的不仅是手机扬声器传来的声音，还有纸杯壁和纸筒反射回来的声音，多个声音叠加在一起，音量变大，而且更加浑厚了。

想一想

1. 回顾实验操作的过程,怎么让自己的纸杯音箱声音变得更大?

2. 如何使这个纸杯音箱变得更加美观?

生活挑战

如果你想看到声音,可能有点困难。其实,声音经常伴随着物体的振动。有时,你虽然看不到声音,但你可以看到这些振动。例如,说话的时候,摸摸你的喉咙,就会发现它在颤动。这里教你一招:让你看得见的声音。准备材料:一张保鲜膜、一小勺小米和一个杯子。首先,把保鲜膜拉平,盖在杯子。其次把小米撒在绷紧的保鲜膜上。最后尝试着换几种声音,你可以发现小米跳动的姿势也会不一样哟!

知识小链接

瞎眼的蝙蝠

在18世纪,没有人知道为什么蝙蝠能在黑暗中飞行却不会撞到任何东西。因此,意大利科学家拉扎罗·斯帕兰扎尼(1729—1799年)在帕维亚大教堂的塔楼中捉了几只蝙蝠,把它们弄瞎。一些不幸的蝙蝠还被堵上耳朵。疯狂的研究人员发现蝙蝠不需要眼睛也可以飞,但耳朵被堵上就会四处乱撞。这证明了是声音帮助蝙蝠找到它们的路,即使蝙蝠像球拍("蝙蝠"和"球拍"在英文里都是bat)一样什么都看不见。科学家们现在知道蝙蝠可以接收自己发出的超声波回声,以避免在黑暗中撞到障碍物。

南瓜拱桥

我们在生活中经常可以见到这样一种建筑物，有人这样描述它：驼背老公公，趴在河当中，背上有人行，腹下也可通。你猜出来它是什么了吗？

如果你留心观察就会发现，身边的石拱桥没有柱子支撑，石头与石头之间又没有粘连剂，络绎不绝的行人和车辆为什么压不垮它呢？

让我们一起通过今天的科学小实验，认识拱形的力量。

实验器材

准备好的物品在□中打“√”，使用替代物品的在□中打“※”。

□小刀　　□鲜南瓜

替代用品及说明____________________

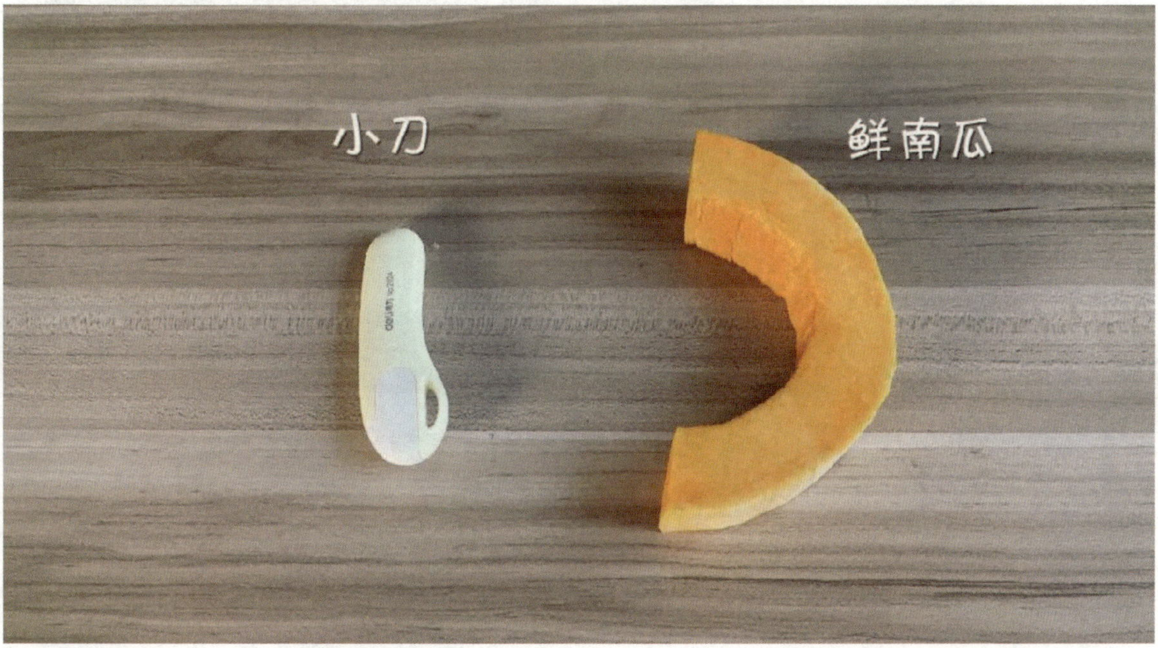

实验步骤

1. 用小刀将南瓜切成块状。(请注意，美工刀锋利，使用时要小心，避免划伤。)

2. 将切好的南瓜块，按照原本的拱形，一块块地垒起来。先垒左右两边，然后再垒最上方的那一块，这样会更容易。

3. 在没有任何支撑物的情况下，南瓜拱桥就做好了。即使我们在上面放上重物，也完全没有问题。

4. 同学们还可以试试放其他的重物。看看南瓜拱桥到底可以承重多少？(小提示：放多块重物时，要保证每块重物大小一样，材质相同。)

南瓜拱桥承重实验记录

	第 1 次实验	第 2 次实验	第 3 次实验
重物数量	(　　)块	(　　)块	(　　)块

实验现象

分享一下你观察到的实验现象吧！

____

____

____

实验大揭秘

让我们一起来了解一下实验原理。

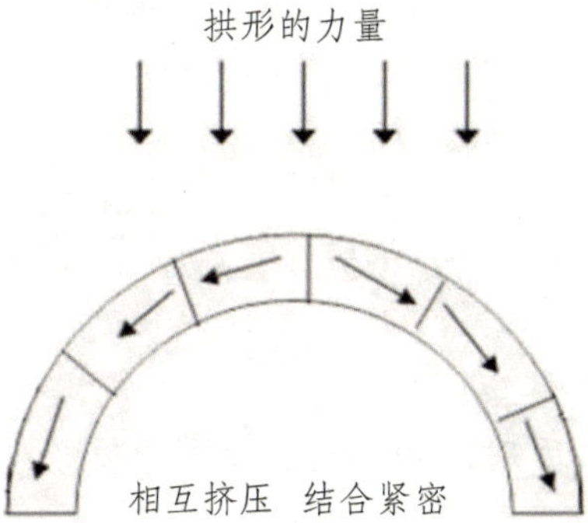

拱形结构

它的特点是把受到的压力分解成一个向下的力和两个水平向两端的力(向外的推力),所以当我们走在拱桥上时,压力会被传递到桥两端的地面。

想一想

1. 回想实验过程,怎样才能在南瓜拱桥上放更多的橡皮呢?

____

____

____

2. 根据拱形的力量原理，是不是上面物体越重，拱桥就越结实？

3. 在生活中，我们还可以用其他的材料做拱形桥吗？

生活挑战

任务：鸡蛋是易碎品，轻轻一碰，其外壳可能就会裂开。但是当我们只用 4 根手指和手掌握住鸡蛋时，不管用多大的力量，鸡蛋都不会破（这里一定不要借助大拇指的力量）。快点试试吧！

知识小链接

拱　桥

中国的拱桥始建于东汉中后期，已有 1800 余年的历史。拱桥造型优美，曲线圆润，富有动感。

单孔拱桥如北京颐和园的玉带桥，拱圈呈抛物线形，桥身用汉白玉建造，桥形如垂虹卧波。

多孔拱桥适于跨度较大的宽广水面，常见的为三、五、七孔，著名的颐和园十七孔桥，长约 150 米，宽约 6.6 米，连接南湖岛，丰富了昆明湖的层次，成为万寿山的对景。

河北省的赵州桥，其"敞肩拱"是中国首创，在园林设计中，很多桥仿此形式，如苏州东园中就有一座这样的桥。